가톨릭

기본교리상식

교황 레오 14세

천주교란?

천주교는 예수 그리스도께서 세우신 교회로서, 예수님과 함께 생활하던 제자들인 사도들로부터 내려온 교도권이 오늘날까지 이어져 오고 있다. 천주교의 세계적인 공용어는 가톨릭Catholic이며, 그리스어 'Katholikos'가 어원이다. 그 뜻은 '보편된'이라는 형용사로 온 세상에 퍼져 있는 모든 사람이 알아야 할 진리를 가르친다는 의미이다. 모든 사람을 참다운 신앙으로 이끄는 까닭에 인종과 빈부, 학식에 차이를 두지 않고 누구나 믿을 수 있다는 뜻도 있다. 천주교는 지난 2,000년 동안 인류 문명의 정신적, 사상적 토대가 되어 왔으며, 학문과 예술에도 지대한 공헌을 해 왔다. 또 자신과 온 세상의 구원을 위하여 예수 그리스도의 삶과 가르침을 배우고 실천하면서 복음을 전파하고 세계 평화와 인류애 증진에 크게 이바지하고 있다. 오늘날 전 세계에는 약 13억 3,000만 명(교황청 교회 통계 연감: 2020년)의 천주교 신자들이 같은 믿음 안에서 신앙생활을 하고 있다.

천주교회의 특성

교회란 하느님의 말씀을 듣고 실천하기 위해 따로 '불리움을 받은' 사람들의 모임이다. 모든 그리스도인은 그들의 신앙을 이렇게 고백한다. "하나이고 거룩하고 보편되며 사도로부터 이어오는 교회를 믿나이다."

하나인 교회

교회는 하나이다. 교회는 오직 한 분이신 주님을 모시고, 한 신앙을 고백하며, 한 세례로 태어나, 한 몸을 이루고, 성령에 의해서 같은 생명을 얻는다.

거룩한 교회

교회는 거룩하신 분이 세우셨고, 또한 거룩한 성령께서 끊임없이 교회에 생명을 불어넣어 주시기 때문에, 교회를 이루는 성원들이 비록 흠이 있음에도 교회 자체는 거룩하다.

보편된 교회

보편되다는 의미는 시대나 민족, 사상, 문화 등 모든 것을 뛰어 넘고 수용하며 구원할 수 있는 진리를 포함하고 있고 모든 사람을 차별하지 않고 참다운 신앙으로 인도한다는 의미이다.

사도로부터 이어 오는 교회

교회는 사도들의 증거와 그들의 가르침 위에 세워졌다. 사도들은 예수 그리스도로부터 보고 들은 것과 성령께서 가르치신 것을 충실히 전하였다.
사도들은 또한 후계자들을 세워 교회와 그 구성원들을 인도하게 함으로써 그들의 소명을 계속 이어 왔다. 이러한 사도들의 계승을 통해서 우리는 예수님의 업적과 말씀에 더욱 다가갈 수 있게 되었다.

천주교회 4대 교리

천주존재(天主存在)

하느님은 만물이 있기 전부터 항상 존재하시고, 만물을 창조하고 주재하시는 전능하고 무한한 분이시다.

삼위일체(三位一體)

"하느님은 한 분이시지만, 그 안에 성부와 성자와 성령이라는 세 위격(三位)이 계시다"는 뜻이다. 인간인 우리가 알아듣기 힘든 하느님의 이 삼위일체의 신비가 바로 그리스도교인의 신앙과 삶의 핵심이다. 이는 또한 하느님 자신의 내적 신비이므로, 그리스도교 신앙의 다른 모든 진리를 알게하는 출발이고, 그리스도교의 다른 가르침을 비추는 빛이다.

성부: 창조주, 하느님, 아버지
성자: 구세주, 하느님의 말씀, 예수 그리스도, 메시아, 하느님의 아들, 사람의 아들
성령: 하느님의 영(靈) 또는 힘으로 표현된다. 사랑의 표, 은혜, 거룩하게 하시는 힘, 성부와 성자에게서 발(發)하시는 거룩한 힘이자 하느님의 사랑, 위로자 (빠라끌리또)라고도 한다.

강생구속(降生救贖)

하느님은 사랑이시다! 그러나 모든 인간은 죄로 인하여 고통과 괴로움 속에서 살고 있다. 그러므로 하느님이 창조한 인간을 포함한 모든 만물을 구원하시려고 당신의 아들 예수 그리스도를 세상에 보내셨다. 예수님께서 십자가상 죽음을 통하여 인류의 구원을 성취하셨다. 이로써 누구든지

베드로 사도 (바티칸)

믿고 세례를 받으면 예수님의 구속공로로 천국에 들어가게 된다는 내용이다.

상선벌악(賞善罰惡)
인간이 죽은 후 하느님은 선한 일을 한 사람들에게는 천국 행복의 상을 끝없이 주시고, 악한 일을 한 사람에게는 벌을 주신다.

성부 (하느님)

하나이신 하느님은 만물의 창조주이시며, 모든 피조물을 초월하여 계시는 영원한 분이시다. 하느님은 우리 아버지이시며, 예수 그리스도를 통하여 우리를 당신의 자녀로 삼아 주신 사랑 자체이신 분이시다.
'야훼'(Yahweh)는 구약 시대 이스라엘 사람들이 하느님을 호칭하던 고유명사이다. 그 뜻은 "나는 있는 나다."(탈출3, 14)이다. 그러나 하느님의 이름을 함부로 부를 수 없어, 야훼 대신 '아도나이'(Adonai, 주님)라 불렀다. 또는 '엘로힘'(Elohim)이라고 호칭하였다. 개신교에서는 '하나님'이라고 하는데 이는 서북지방(평안도) 방언에서 기인한 말이고, 국문법으로도 하나(수사)에 존칭 어미인, 님을 붙일 수 없기 때문에 공동번역 성서에서도 하느님으로 통일을 보았다.

성경에 나타난 하느님의 이름(명칭)

엘로힘(ELOHIM) : 충만함
엘(EL) : 다스리는 자, 강한 자
엘 샤다이(EL SHADDAI) : 나의 주 전능하신 하느님
엘 엘리온(EL ELYON) : 하느님, 주님, 주인님

성자 (예수 그리스도)

그리스도(Christus)라는 말은 히브리어로 메시아를 의미하며 '기름 부음 받은 이'란 뜻이다. 율법에 의하면 사제가 될 때(탈출 28, 41; 레위4, 3), 왕이 될 때(1열왕 19, 16), 또는 예언자들의 사명을 갖기 위해서(이사 61,1) 기름을 부어 성별하였다. 그리스도란 말은 하나의 고유명사가 아니고 칭호이다.

하느님의 아들을 '그리스도'라고 하는 것은 그분이 왕직, 사제직, 예언직의 세 가지 임무를 띠신 분이라는 뜻이다.

예수 그리스도에 관한 상징들

알파 · 오메가 : 그리스어 첫 글자(Α : 알파)와 끝 글자(Ω : 오메가)로 그리스도께서 시작이요 마침이며 역사의 시초부터 종말까지 우주를 다스리신다(주관하신다)는 뜻이다.

I.N.R.I : 로마 총독 본시오 빌라도가 예수님의 십자가 위에 써 붙인 명패. 그의 죄목을 가리킨 '유다인의 왕 나자렛 예수'라는 뜻이다. 라틴어 Jesus Nazarenus Rex Judaeorum의 첫 글자만 따서 INRI로 하여 십자고상 위에 붙인다.

물고기 : 로마 박해시대에 신자들이 서로를 알아보던 암호인데 그리스도를 가리켰다. "예수 그리스도 하느님의 아들 구세주"라는 그리스어의 첫 글자를 따서 모으면 물고기(ΙΧΘΥΣ)라는 그리스어가 된다.

☧ : 그리스어 그리스도(XPISTOS)의 처음 두 글자를 따서 꾸민 것. 예수 그리스도를 상징하는 것으로 널리 쓰인다. '키로'라고 발음한다.

메시아(Messiah): 히브리말로 구세주라는 뜻이다. 어원은 "기름 부음을 받은 자"이다. 유다인들은 하느님이 임금이나 대제관으로 뽑으신 자의 머리에 기름을 부어 직책을 수여했다. 그리스어로는 '그리스도'이다.

아멘(Amen): 히브리말. "정말" "꼭 그렇게 되기 바랍니다!" "그렇게 해 주십시오."라는 뜻이다.

알렐루야(Hallelujah): 히브리어 '힐렐'(hillel:찬미하다)이란 동사의 복수 명령형 '알렐루'(hallelu)와 하느님이란 야훼의 약자 '야'(JAH)의 합성어이며, "야훼 하느님을 찬미하라"는 뜻이다.

호산나(Hosanna) : '구원하소서'라는 뜻이며, 복음서에서는 6번 사용하며 예수님이 예루살렘 성지에 입성을 하실 때 사람들이 종려나무의 가지를 들고 기뻐하며 외치던 환호의 소리였다.

성령

성령칠은 (이사11, 2-3)
슬기(지혜), 통찰(깨달음), 의견(일깨움), 지식(앎), 용기(굳셈), 효경(공경), 경외심(두려워함)

성령의 9가지 열매
(갈라5, 22-23)
사랑, 기쁨, 평화, 인내, 친절, 선행, 진실, 온유, 절제

성경에서 성령을 "하느님의 영"이라고 한다. 성령은 거룩한(聖) 영(靈)이라는 뜻이며 거룩함과 영은 하느님의 속성이다. 성령은 삼위(三位)로서 한 분이신 하느님의 세 번째 위격이시다.
하느님께서 이 세상 안에서 활동하신다는 것을 말로 표현하려고 할 때 성경은 보통 하느님의 영에 대해서 말한다. 영(靈)이라는 말의 성경적 의미는 숨결, 공기, 바람 등이다. 하느님의 영, 곧 성령께서는 하느님의 얼, 하느님의 숨결이시다. 당신의 숨결을 인간에게서 거두시면 인간은 죽고 말듯이 성령의 인도를 받지 않는 그리스도인은 그리스도인으로 살아갈 수 없다. 우리는 성령의 인도를 받아야만 하느님을 "아빠, 아버지"로 알아보고,"예수 그리스도가 우리의 주님이시다." 라고 고백할 수 있는 것이다. 바오로 사도는 성령의 7가지 은혜와 9가지 열매에 대하여 이야기하였다.

십자성호

1. 삼위일체이신 하느님께 대한 신앙고백이다.
2. 예수 그리스도께서 수난하고 죽으셨던 십자가를 표시한다.
3. 천주교 신자임을 드러낸다.

십자성호 긋는 법
왼손을 먼저 가슴에 붙이고 바른 손가락을 모두 펴 한데 모아, 이마에서 '성부와', 가슴에서 '성자와' 왼편 어깨에서 '성' 바른편 어깨에 '령의' 하며 십자를 이루어야 한다. 다음 즉시 바른손과 왼손을 가슴에 합장하여 붙이면서 성호경의 남은 부분 '이름으로. 아멘'을 한다 .
'아멘' 할 때 바른손 엄지손가락을 왼손 엄지손가락 위로 올려서 자연스럽게 십자표(✢)가 되게 한다.

우리나라의 천주교회

우리나라 천주교회의 출범은 이승훈이 베드로라는 세례명으로 한국인 최초로 영세를 받은 1784년이다. 그 이전에도 학문으로 천주교리를 연구하였으며 천진암, 주어사 등에서 기도생활을 하면서 교회 형태를 유지하였다. 양반들에 의해 전파되기 시작한 천주교는 1784년부터 급격한 전교가 이루어졌다. 그후 조정에서 천주교를 박해하여 100여 년 동안 만여 명의 순교자가 나왔고 순교자 중 103명이 시성되었다. 1984년 5월 6일 교황 요한바오로 2세께서 우리나라를 방문하여 103명의 '순교자'를 성인품에 올림으로써 우리나라 103위의 성인을 세계인이 공경할 수 있게 되었다. 우리나라는 선교사에 의해서가 아니라 우리 민족이 스스로 진리를 깨달아 신앙을 갖게 되었다는 점과 평신도를 중심으로 신앙공동체를 이끌었던 가성직(假聖職)제도는 한국 교회의 큰 자랑이다. 2014년 8월 16일 윤지충 바오로와 동료 순교자 123위 시복미사가 프란치스코 교황님의 집전으로 광화문광장에서 거행되었다.

천주교와 개신교

개신교는 1517년 루터(Martin Luther)로부터 시작되었다. 그 후 칼뱅이 세운 장로교, 그 분파로 침례교, 감리교, 영국 헨리 8세가 세운 성공회 등이 대표적 교파이나 한국에는 그 외에도 상당히 많은 교파가 있다. 이들은 인간이 자신의 행위와 공로와 상관없이, 오직 성경말씀과 믿음으로 구원된다고 주장한다. 이들은 가톨릭교회의 성사 중 세례만을 인정하며, 성사의 힘으로 은총을 받는 것이 아니라고 주장한다. 그러나 같은 하느님과 예수님을 믿는 갈라진 형제라고 부르는 것은 제2차 바티칸 이후의 가르침이다. 프로테스탄트 교회라고도 칭한다.

성경

성경은 글자 그대로 '거룩한 책'이다. 얼핏 한 권으로 보이는 성경은 한 저자에 의해서 집필된 단행본이나 저서가 아니라 실제로는 73권으로 이루어진 도서이다.

성경은 오랜 구전 전승기간을 제외하고서도 1,200년이라는 긴 세월에 걸쳐서 수많은 사람들에 의해서 편집되고 작성된 이스라엘 백성의 고유문학 총서라고 할 수 있다.

구약성경은 고대 근동지방의 셈족 사상에서 발전한 유다 사회에 뿌리를 두고 있으며, 신약성경은 예수 그리스도를 따르던 팔레스티나 출신 제자들에 의해 선포된 메시지가 그리스 문명권 안에서 성문화된 것이다.

위의 사실로도 우리는 성경의 모든 부분을 일정한 개념이나 사고방식으로 읽을 수 없다는 것을 쉽게 알 수 있다. 따라서 구약성경을 올바로 이해하려면 그 성경의 바탕이 된 이스라엘 민족의 역사와 전통, 그들이 사용한 문학 유형, 그들의 사고방식과 표현법 등을 알아야 하며, 신약성경은 그 시대의 전승을 알아야 한다.

성경은 또한 계약의 말씀이라고 한다. 하느님과 이스라엘 백성과 맺은 계약의 사상을 중심으로 엮어진 구약과, 예수 그리스도를 통하여 하느님께서 구약을 새롭게 하시고 완성하신 신약으로 구성된다. 특히 신약은 예수 그리스도 안에서 전 인류와 맺으신 새로운 계약을 나타낸다.

인간의 언어로 기록된 하느님의 말씀인 성경은 인간의 작품인 동시에 성령의 감도로 이루어진 책이다. 성경은 눈에 보이지 않는 하느님께서(콜로1, 15 ; 1티모1, 17) 넘치는 사랑으로 친구를 대하듯이 인간들에게 말씀하신 것과 한 민족이 하느님의 사랑으로 사로잡혀 겪게 되는 체험을 기록한 책이다.

성경은 모두 하느님의 계시로 이루어진 것으로서 진리를 가르치고 잘못을 책망하며 허물을 고쳐 주고 올바르게 사는 훈련을 하는 데 유익한 책이다. 또한 하느님의 자녀들이 모든 선한 일을 할 수 있는 자격과 준비를 갖추게 해 준다 (2티모 3, 16-17). 책 중의 책인 성경은 인간에게 생명을 주시는 하느님의 말씀이며 믿는 자들에게 구원을 주시는 능력의 말씀이다.

마태오 복음서

마르코 복음서

루카 복음서

요한 복음서

복음은 '기쁜 소식'이다. 이는 예수 그리스도를 통해 하느님께서 내리신 계시의 말씀이다. 신약 성경에서 예수의 생애와 말씀을 담은 '4복음'은 마태오, 마르코, 루카, 요한 복음이다.

제1경전과 제2경전

팔레스티나의 유대교 권위자들이 1세기 말쯤에 히브리어 성경을 율법서, 예언서, 성경 문집으로 나누어 성경 목록을 고정시켰다. 이것을 히브리 경전 또는 제1경전이라고 한다.

제2경전이란 기원전 250년쯤에 그리스어를 사용하던 이방인 지역의 유다 공동체(Diaspora, 예컨대 이집트의 알렉산드리아)에서 구약성경을 그리스어로 번역(70인역)할 때 확정한 성경 목록 중에서, 히브리 성경 목록에 없는 성경을 뜻한다.

제1경전인 히브리 경전 외에 바룩서, 다니엘서와 에스테르기의 일부, 토빗기, 유딧서, 마카베오 상하권, 지혜서, 집회서를 가톨릭에서는 제2경전으로 분류하고 제1경전과 함께 성경으로 받아들이고 있다. 그 이유는 사도들과 초대교회가 이 그리스어 번역본을 많이 사용했기 때문이다.

개신교에서는 16세기 이래로 이 제2경전을 외경(外經)이라고 하여, 히브리 경전만 받아들였기 때문에 구약 성경이 가톨릭보다 7권이 모자라는 39권이다.

성경을 읽는 태도

✢ 성경은 '성령의 감도(感導)'로 성경 기록자가 하느님이 원하시는 것을 쓴 책이다. 하느님의 말씀을 읽는 태도는 마땅히 정신적으로나 육체적으로 단정함과 경건함을 지녀야 한다.

✢ 성경 안에서 자연과학의 진리나 역사적 정확성을 찾으려고 하지 말아야 한다. 계시의 목적은 종교적 진리에 있는 것이다. 하느님은 일의 성질과 법칙을 학문적으로 가르치려 하지 않고 민중이 말하는 풍습을 따라 표현했으므로 그분이 우리에게 전하시려는 말씀의 뜻을 알아듣기 위해 노력해야 한다.

✢ 우리는 가끔 성경에서 우리의 윤리관으로는 이해할 수 없는 대목을 발견하게 된다. 그러나 이러한 것이 성경의 신성성(神聖性)을 해치지는 않는다.

✢ 성경은 우리 영신생활의 무한한 보고이므로 평생토록 공부해야 할 과제이다. 이를 계속 공부하는 사람에게는 더 큰 진실을 알려줄 것이므로 겸허한 마음으로 대할 것이다.

✢ 하루에 많이 읽으려고 애쓰지 말고 한 장 정도로 꾸준히 읽고 묵상하여, 마음에 와 닿는 구절을 외우거나 따로 써서 묵상하는 것이 좋다.

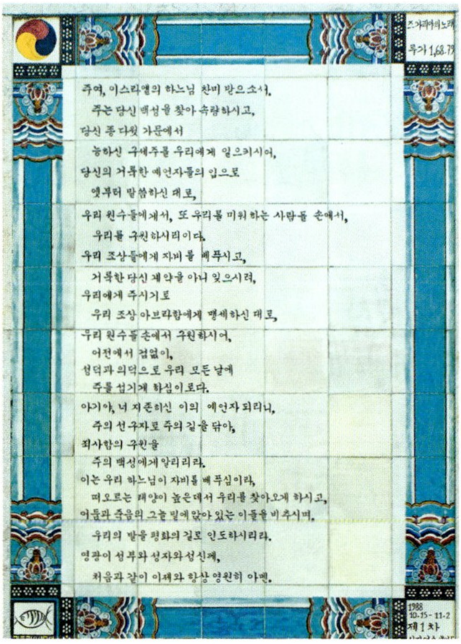

즈가리아(Zechariah)의 노래 (루카 1, 68-79)

성경의 권수 (73권)

구약 성경 (46권)

오경 5권(창세기, 탈출기, 레위기, 민수기, 신명기), 역사서 16권(여호수아기, 판관기, 룻기, 사무엘기 상권, 사무엘기 하권, 열왕기 상권, 열왕기 하권, 역대기 상권, 역대기 하권, 에즈라기, 느헤미야기, 토빗기, 유딧기, 에스테르기, 마카베오기 상권, 마카베오기 하권), 시서와 지혜서 7권(욥기, 시편, 잠언, 코헬렛, 아가, 지혜서, 집회서), 예언서 18권(이사야서, 예레미야서, 애가, 바룩서, 에제키엘서, 다니엘서, 호세아서, 요엘서, 아모스서, 오바드야서, 요나서, 미카서, 나훔서, 하바쿡서, 스바니아서,하까이서, 즈카르야서, 말라키서).

신약 성경 (27권)

복음서 4권(마태오, 마르코, 루카, 요한), 사도행전 1권(사도행전), 서간 21권(로마, 1코린토 , 2코린토, 갈라티아, 에페소, 필리피, 콜로새, 1데살로니카, 2데살로니카, 1티모테오, 2티모테오, 티토, 필레몬, 히브리인, 야고보, 1베드로, 2베드로, 1요한, 2요한, 3요한, 유다), 묵시록 1권(요한 묵시록).

교회의 어머니요 모범이신 성모 마리아

구약에 예언된 마리아

성경은 하느님의 인류 구원 계획 중에 구세주의 어머니인 한 여자의 모습과 그 역할을 제시하고 있다. 창세기에는 인류의 원조인 아담과 하와를 죄에 떨어지게 만든 뱀(죄의 표상)에 대한 승리의 약속이, 마리아(실제 표현은 그 여자)를 통해 이루어지리라는 것이 암시되어 있다. 또 예언서에는 한 여인이 동정녀로 아들을 잉태하여 낳을 것이며 그 아들이 임마누엘이라고 불릴 것이라고 전하고 있다.

구원의 협조자이신 마리아

하느님은 여자(하와)가 죽음을 가져왔던 것처럼 여자(마리아)가 영원한 생명에 이바지하기를 원하셨다.
하느님께서 인류를 구원하시고자 천사 가브리엘을 처녀 마리아에게 보내어 이 뜻을 전하자, 마리아는 절대적인 신뢰와 순종으로 이에 응답했다. 마리아는 이 응답으로 예수님을 낳으심으로 하느님의 구원 사업에 동참하셨고, 또한 사랑으로 인류를 구원하신 예수와 함께 고통을 당하시고,아들 예수가 세상을 떠나는 마지막 순간까지 곁에 계심으로써 하느님의 구원 계획의 협조자가 되셨다.

구세주의 어머니, 우리의 어머니이신 마리아

마리아는 예수님의 어머니이시다. 그런데 예수님은 인간인 동시에 하느님이시기에 마리아는 또한 하느님의 어머니도 되신다.
예수님께서는 십자가에서 숨을 거두기 직전에 당신의 어머니와 제자 사이에 모자(母子) 관계를 맺어 주셨다. 예수님께서는 어머니에게 "이 사람이 어머니의 아들입니다." 하고 말씀하셨다. (요한19, 27) 이로써 예수님의 사랑을 받은 모든 그리스도인은 마리아의 자녀가 되고 마리아는 어머니가 되신다.

교회의 모범이신 마리아

거룩한 어머니(聖母) 마리아는 예수님의 곁에 언제나 함께 계셨다. 그러면서 예수님께서 하시는 일이 옳으며, 하느님의 뜻이 아드님 안에서 이루어지고 있음을 믿어 의심치 않았다. 마리아가 하느님께 드린 이와 같은 깊은 신뢰는 전 생애를 통해서 한결같이 진실하게 드러났다. 예수 그리스도의 구원 사업에 일편단심 협력함으로써 마리아는 모든 그리스도인의 본보기가 되었으며, 또한 예수님을 믿고 따르는 무리인 교회 신앙인의 모범이 되었다.

성모 마리아를 공경하는 이유

성모 마리아는 그리스도를 잉태할 때부터 그분의 죽음에 이르기까지 일생 동안 예수님과 일치하여 그분의 구원 활동에 동참하였으며, 십자가 아래에서 함께 고통을 당하였고, 그 희생에 사랑으로 동의하였으며, 예수님께서 승천하신 후에는 기도로써 교회를 도와주셨다.

성모 마리아 공경은 하느님을 흠숭하는 데 걸림돌이 되지 않고 오히려 도움이 된다. 왜냐하면 마리아에게는 모든 것이 그리스도와 연관되어 있고, 그리스도께 속해 있기 때문이다. 마리아의 어머니 역할은 하느님께 대한 믿음을 흐리게 하거나 감소시키지 않고 오히려 우리의 신앙을 더 풍요롭고 행복하게하는 것이다. 일부 개신교에서 마리아 공경을 우상숭배라고 주장하는 것은 이해 부족에서 기인한 것이며, 우리는 단순히 그분을 구세주의 어머니이시기 때문이며, 또 우리 신앙의 모범이기 때문에 공경하는 것이라고 답하면 될 것이다.

교계제도

교황 레오 14세

교황(Pope, Holy Father) : 교황은 사도 베드로의 후계자로서, 그로부터 이어 오는 주교단의 으뜸이며 예수 그리스도의 지상 대리자이다. 교황은 바티칸 시국의 통치자이기도 하며, 모든 가톨릭 신자의 정신적 지도자이다.

추기경(樞機卿,Cardinal) : 추기경은 교황의 선거권과 피선거권을 가지며, 교구의 교구장으로서 지역교회를 사목하고, 교황청의 주요 요직을 담당한다. 추기경은 교계 제도에서 교황 다음 가는 성직자의 지위를 말하며, 교황의 최고 보좌관 격이라고 말할 수 있다.

주교(Bishop) : 주교는 사도들의 후계자로서 한 지역교회의 구심점이 된다. 주교는 교황의 임명으로 다른 주교에 의해 서품되고, 견진성사를 집전하며 신품성사의 수여자이고 고백성사 규율의 통제자로서 교구의 으뜸가는 교사이며 봉사자이다.

사제(Priest) : 사제는 특별한 소명을 받아 주교를 도와 교구의 일정 지역을 담당하여 복음을 전하고 신자들을 돌보며 하느님께 제사 드린다. 교구에 소속된 교구사제와 수도회에 소속된 수도사제가 있다.

부제(Deacon) : 주교직이나 사제직과 마찬가지로 부제직은 신품성사의 일부로서 봉사하기 위한 직책이다(사도 6,1-6 참조). 통상 사제로 서품되기 일년 전에 부제가 되며 이때 독신서원을 한다. 일부 교회에서는 기혼자로서 종신부제 제도를 두기도 한다.

수도자

수도자는 세례성사의 은총을 더욱 풍요롭게 살아가기 위한 부르심으로, 평신도나 성직자 중에서 청빈, 정결, 순명 서원을 하고, 오로지 하느님께 자신의 삶을 봉헌하며 복음적 권고를 실천하는 축성생활을 한다. 그럼으로써 교회의 거룩한 표지가 되고 완성될 교회의 모습을 미리 보여주는 증거자가 된다. 수도자의 신분은 교계적인 교회구성에 비추어 볼 때 성직자와 평신도의 중간 신분이 아니고, 오직 특수한 은혜를 받아 교회 사명에 적극적으로 이바지하도록 부르심을 받고 응답한 사람들이다. 수도자들이 모인 수도회는 각자 고유한 은총의 방법을 간직하며 하느님의 사랑을 특성 있게 드러낸다.

평신도

예수 그리스도에 의해 선택된 백성으로 성직자와 수도자를 제외한 모든 신자. 성체성사를 통해 그리스도와 한 몸을 이루고 그리스도의 사제직, 예언직, 왕직에 참여하여 그리스도의 백성으로서 사명을 완수하는 신자를 말한다.

제2차 바티칸 공의회 이전까지 평신도를 '듣고 따르는 교회'(ecclesia discens et oboediens)라 하여 평신도의 수동성이 강조됐으나, 공의회를 통해 평신도의 역할이 크게 부각되었다. 성직자가 하느님의 백성인 평신도의 구원을 위해 존재한다는 정신을 강조하였다. 평신도는 사회의 누룩으로서 예수의 부활과 생명의 증인이 되어야 하고, 살아 계신 하느님의 표지여야 한다. 그래서 복음을 전하고, 사회질서를 개선하여 하느님 나라를 건설하는 데 매진해야 한다.

주일

주일은 예수 그리스도께서 죽음으로부터 영원한 생명으로 부활하심을 기념하는 기쁨과 축제의 날이다.

주일은 '주님의 날' 이라는 뜻이다. 주일을 일(日, 빛, 해)요일이라고 하는 것은 빛을 주고 빛이신 하느님을 뜻하는 해의 날 (SUNDAY)이기 때문이다. 이 빛은 곧 그리스도의 승리인 부활을 의미한다. 주일을 거룩하게 지내는 주일축제의 중요한 의미는 미사성제의 거행이다. 그러므로 신앙인으로서 인생의 참된 가치의 즐거움을 깨닫기 위한 미사참례는 자신의 성화와 구원으로 가는 지름길이다.

계명

계명이란?

계명이라고 하면 인위적인 법률이나 그 밖의 법칙 등을 연상하기 쉽다. 그러나 교회에서 말하는 계명이란 하느님의 사랑 안에서 자녀답게 살아가기 위한 하느님이 주신 사랑의 가르침이다. 하느님께서는 우리를 사랑하시어, 우리 인간이 보다 행복하고 즐겁고 화목하게 살게 하기 위해 계명을 주신 것이다. 교회의 계명이란 인간을 구속하는 굴레가 아니다. 그리스도의 계명은 하느님께서 우리를 자녀처럼 사랑하시려는 뜻이 있고, 또 한편 사랑의 질서를 유지하면서 살아야 참 행복을 이루는 삶이 된다고 가르쳐 주려는 뜻이 있다.

십계명 (탈출20, 1~17 ; 신명4, 13; 5,6~21)

일. 한 분이신 하느님을 흠숭하여라.
이. 하느님의 이름을 함부로 부르지 마라.
삼. 주일을 거룩히 지내라.
사. 부모에게 효도하여라.
오. 사람을 죽이지 마라.
육. 간음하지 마라.
칠. 도둑질을 하지 마라.
팔. 거짓 증언을 하지 마라.
구. 남의 아내를 탐내지 마라.
십. 남의 재물을 탐내지 마라.

이스라엘 예루살렘 [십계명]

십계명의 전체적 의미

1. 무엇보다 우선하여 하느님께 깊은 존경과 애정을 드려야 한다. 성경은 십계명을 열거한 뒤에 이렇게 선언한다. "주 우리 하느님은 한 분이신 주님이시다. 너희는 마음을 다하고 목숨을 다하고 힘을 다하여 주 너희 하느님을 사랑해야 한다."(신명6, 4~5) 그리스도께서는 "이것이 가장 크고 첫째가는 계명이다."(마태22, 38)라고 하셨다.
2. 생각과 말과 행동으로 이웃을 존경하라. 자기 생명을 낳아 주신 부모를 공경하라. 자기와 남의 생명을 존중하라. 결혼에서 생명이 전수되는 성관계를 존중하라. 사람에게 봉사하는 데 쓰이는 소유권을 존중하라. 인간관계에서 진실을 존중하라 등이다.
3. 십계명의 가르침은 어떤 행위를 하겠다는 의향(지향)까지도 하느님 사랑과 이웃 사랑에 관련된다. 그러므로 죄에 대한 지향만 가져도 심적 윤리상태를 평가하신다.

양심과 계명

하느님께서는 모든 인간에게 예외 없이 마음의 거울인 양심을 통하여 당신의 기본 법칙을 알려 주신다. 선을 행하고 악을 피하며, 하느님을 사랑하고 이웃을 사랑하라는 것이다. 인간의 깊은 내면에 양심이라는 불변의 기본 윤리 법칙이 새겨져 있다. 따라서 누가 악을 행했을 때 비록 본 사람이 아무도 없다고 해도 양심의 명령 때문에 괴로워하며, 선을 행했을 때는 자기 스스로도 만족하고 기뻐한다.

선과 악에 대한 이런 느낌은 창조주이신 하느님께서 내려 주신 것이다. 따라서 양심의 명령에 따라 행동하는 사람은 언제나 즐겁고 행복하다. 양심 때문에 인간이 괴로울 수가 있다면 양심 때문에 진정한 기쁨을 맛볼 수도 있으므로 양심은 기쁨의 원천이다. 계명을 지킨다는 것은 양심을 제외하고 언급할 수 있는 것이 아니다. 양심과 계명은 상호 보완적 관계로서 사회적 법률과도 연관된다. 올바르게 형성된 법이라야 양심의 지지를 받고 개인이 따를 수 있게 된다. 집회서에서는 "지혜로운 사람은 율법을 싫어하지 않고 율법을 지키는 체하는 자는 폭풍우를 만난 배와도 같다."(집회33, 2) 라고 한다.

천주교 신자들이 지켜야 할 의무

1. 모든 주일과 의무 대축일 미사에 참여한다. 주일이 아닌 의무 대축일은 다음과 같다.
   - 천주의 성모 마리아 대축일 (1월 1일)
   - 주님 부활 대축일 (춘분이 지난 만월 다음에 오는 주일)
   - 성모 승천 대축일 (8월 15일)
   - 주님 성탄 대축일 (12월 25일)
2. 정한 날에 금육과 단식을 해야 한다.
   - 단식: 재의 수요일과 성 금요일
   - 금육: 재의 수요일과 모든 금요일
3. 적어도 1년에 한 번은 고해성사를 받아야 한다.
4. 적어도 1년에 한 번 부활 때 영성체를 한다.
5. 교회의 유지와 선교 사업을 위해 가정단위로 일정액의 교무금을 내야 하고, 헌금을 각자 봉헌해야 한다.
6. 혼인성사에 관한 혼인법을 지켜야 한다.

가정에 비치해야 할 성물 (聖物)

집안을 성스럽게 꾸밈으로써 신앙생활을 용이하게 만드는 물건을 성물이라고 한다.

❏성경　❏가톨릭기도서　❏성가책　❏십자고상

❏성모상　❏묵주　❏성수　❏축복 받은 초

위의 것들은 가정에 비치하면 도움이 될 최소한의 성물이다.

기도

기도는 하느님과 인간과의 인격적 만남이요 대화이다. 자신의 정신과 마음과 몸을 하느님께 향하여 그분의 말씀을 듣고 생활을 통해서 응답하는 그리스도인의 신앙 행위이다. 따라서 기도의 자세는 전능하신 하느님께 전적으로 의탁하며 살아 계신 하느님의 현존을 느끼도록 한다.

기도의 내용

1. **흠숭** : 절대자이신 하느님께만 드리는 찬미의 행위이다.
2. **감사** : 크고 작은 모든 은혜를 베풀어 주심에 감사한다.
3. **용서** : 생각과 말과 행동으로 잘못한 죄에 대해 뉘우치고 용서를 빌어야 한다.
4. **간구** : 구원을 위하여, 진리를 위하여 현세적으로 필요한 것을 청한다.

기도의 종류

염경(念經)기도 (일명 소리 기도라고 한다) : 마음속의 생각과 감정을 하느님께 표현하기 위해 소리 내어 하는 기도이다. (예 : 미사경본, 기도서, 묵주기도)

묵상(默想)기도 (마음 기도라고 한다) : 하느님과 직접 관계되는 일이나 하느님께서 이끌어 가는 일들을 생각하며 속으로 한다. (묵상 자료는 자연, 성경의 말씀, 교회의 가르침)

관상(觀想)기도 : 우리를 사랑하시는 하느님과 자주 단둘이서 지냄으로써 친밀한 우정을 맺는 것. 또는 하느님의 사랑을 통하여 진리를 직관하는 것을 말한다.

기도의 자세

1. **고요한 마음가짐을 지녀야한다.** -머릿속의 온갖 근심 걱정 등 잡념을 버려야 한다.
2. **살아계신 하느님, 전능하신 하느님께 전적으로 의탁하라.** -항구한 신뢰감을 가져라.
3. **하느님의 현존을 느껴라.** -지금 나와 함께하신다는 믿음으로 자신의 마음을 열어라.
4. **하느님의 뜻을 찾아라.** -자신의 필요한 바를 매달리지 말라.
5. **항구한 마음으로 구하라.** -하느님 안에 실망이란 것은 없다는 것을 믿어라.

7성사

1. **세례성사** : 하느님의 자녀로 새롭게 태어나기 위하여 물로 씻는 예절을 통해 받는 성사로서 세례 전의 모든 죄를 용서받고 그리스도교 공동체의 일원이 되게 하는 성사이다.
2. **견진성사** : 세례 받은 신자가 더욱 성숙한 그리스도인이 되도록 성령을 받는 성사이며, 그 은사로서 성령칠은(七恩)을 받아 굳센 그리스도인으로 하느님의 일꾼이 되게 한다.
3. **성체성사** : 미사 중에 빵과 포도주를 축성하여 예수 그리스도의 몸과 피가 된 성체와 성혈을 우리 몸에 모시는 거룩한 성사이고 이를 통해 하느님과 인간과의 일치, 인간들 서로 간의 일치를 가져다주는 성사로서, 우리 영혼 생명의 양식이 된다.

4. **고해성사 :** 영세 후 범한 죄를 참회, 고백하여 하느님께 용서받는 성사로서 죄로 인해 끊어진 하느님과 이웃과 교회와의 관계를 회복시키는 화해의 성사이다.

[고해성사를 보기 위한 마음 가짐]

첫째 : 무엇을 잘못했는지 알아내고 ……………… 성찰

둘째 : 알아낸 것을 뉘우치고 ……………………… 통회

셋째 : 다시는 죄를 짓지 않겠다고 결심하고 ……… 정개

넷째 : 알아낸 죄를 겸손되이 숨김없이 고백하고 … 고백

다섯째 : 사제가 일러 주시는 보속을 한다 ………… 보속

5. **혼인성사 :** 한 남자와 한 여자가 하느님과 공동체 앞에서 자유로이 계약을 맺고 결합하여 사랑과 봉사의 삶을 살아가게 하는 성사이다.

6. **성품성사 :** 구원자이신 예수 그리스도의 사제직을 이어받아 하느님 백성을 위해 봉사하며, 세상 구원 사업을 계속하는 사제들을 그리스도의 대리자로 축성하는 성사이다.

7. **병자성사 :** 죽을 위험에 처한 병자나 수술 전 중환자 등에게 그리스도의 수난과 죽음에 동참케 하여 위로와 치유의 은총을 주는 성사이다.

영성체 (領聖體)

예수 그리스도의 몸인 성체를 실제로 받아 모심을 의미한다. 이로써 하느님과 우리는 일치를 이루고 인간 상호간에도 일치를 이루게 된다. 성체성사는 내적으로 은총의 샘이신 그리스도와 일치를 통해 많은 은혜를 더하게 된다.

영성체 때의 준비

1. **영혼의 준비:** 세례성사나 고해성사를 받아 은총의 상태에 있어야 하며, 바른 지향과 거룩한 정신과 영혼의 유익을 위한 준비를 한다.
2. **마음의 준비:** 미사에 열심히 참례하고 예수님께 대한 믿음, 희망, 사랑의 정신을 일으켜 진정으로 모시기를 기원해야 한다.
3. **육신의 준비:** 공복재(성체를 모시기 한 시간 전부터 물과 약을 제외한 음식물을 먹지 않는 것)를 지킨다. (노약자 제외)
4. **봉성체 :** 성당 미사에 참례할 수 없는 노인, 환자에게 사제가 방문하여 성체성사를 행한다.

혼인

혼인의 목적

사랑 : 부부가 사랑을 나누기 위해 혼인하는 것이며, 이 목적은 인간과 사랑을 나누기 위해 오신 주님, 그리고 당신의 교회를 신부라고 부르시는 주님의 사랑을 드러내기도 한다.

생명의 전달 : 자녀는 결혼의 축복에 따르는 하느님의 선물이다. 따라서 자녀는 소유물이 아니고 개별적 인격을 갖춘 사람이므로, 부부는 합심하여 자녀들이 영육 간에 건강하게 잘 자라도록 교육시켜야 할 책임이 있다.

모든 것을 나눔 : 부부는 서로 도와서 하느님의 뜻에 맞는 가정 공동체를 이루고 서로 간의 인격 완성을 이루도록 협조하여야 한다.

혼인의 특성

단일성(마르10, 18; 마태19, 6) : 한 남자와 한 여자가 사랑으로 인하여 결합하는 것이 혼인이다. 일부다처제나 일처다부제와는 상반된다. 성경과 성전(聖傳:교회의 전통적 가르침)에서도 단일성은 자연법상으로 요구되고 있다.

불가해소성 (1코린 7, 10~11, 로마7, 2~3) : 합법적 혼인, 확인된 혼인, 완결된 혼인은 둘이 한 몸이 되도록 한다. 이렇게 맺은 인연이 풀릴 수 없음을 혼인의 불가해소성이라 한다. 배우자가 살아 있는 동안은 풀지 못함을 의미한다.

혼인성사를 받기 위한 준비

1. 신랑, 신부 모두가 가톨릭 신자면 혼인 두 달 전에 본당 신부님을 방문한다.
2. 한쪽만이 가톨릭 신자면 혼인 두 달 전에 신자 측 본당 신부님을 방문한다.
3. 교구에서 실시하는 혼인 강좌에 참석한다.
4. 혼인관계상세증명서, 혼인강좌 수료증과 세례증명서를 준비한다.
5. 본당신부 앞에서 혼인 진술서 및 서약서 또는 관면서를 작성한다.
6. 혼인성사가 거행될 때 신랑, 신부는 증인 1명씩과 반지를 준비한다.
7. 미리 고해성사를 보고 마음의 준비를 한다.

장례

장례가 났을 때 준비

집안에 위독한 환자가 있으면 미리 준비가 필요하다. 우선 사제로부터 병자성사를 받게 하고 집안을 정돈한다. 운명하기 전에 가족이 모여 임종기도와 성경 봉독, 묵주기도 등으로 운명을 돕는다. 일단 운명하고 나면 성당에 알려 연령회의 도움을 받는다. 빈소에 상을 차릴 때, 그 위에 십자가, 초(성수, 성수채) 등을 놓고 위령기도를 바친다.

신자들은 고인 빈소에서 위령 기도(연도)를 드리며 영원한 안식을 주님께 간구한다.

장례미사는 시신을 성당에 운구하여 드리는 미사이다. 성삼일, 대축일, 사순절이나 부활절의 모든 주일에는 장례미사를 드릴 수 없으므로, 다른 날 따로 드리도록 권한다. 그러나 말씀의 전례와 고별 기도는 반드시 해야 한다.

(각 교구 규정에 따른다.)

영성체

혼인

장례

한국 천주교 가정 제례 예식

신자 가정에서 의무적으로 제례를 지내야 하는 것은 아니다. 신자 가정에서는 기일 등 선조를 특별히 기억해야 하는 날에는 가정의 제례보다 우선하여 위령미사를 봉헌한다. 그러나 여러 가지 필요로 기일 제사나 명절 차례를 지내야 하는 가정은 '한국 천주교 가정 제례 예식'을 기준으로 제례를 지낼 수 있다. (한국 천주교 사목 지침서 제135조)

준비 사항

1. **마음과 몸의 준비**: 제례 전에는 고해성사를 통해 마음을 깨끗이 하며, 제례 때에는 복장을 단정하게 갖추어 입는다.
2. **상차림**: 제례상은 음식을 차리지 않고 단순하게 추모 예절만을 위한 상을 차릴 수도 있다. 상 위에는 십자가와 조상(고인)의 사진이나 이름을 모시며, 촛불을 켜고 향을 피운다. 그 외에 성경, 가톨릭 성가, 상장 예식(또는 위령기도) 등을 준비한다. 음식상을 차릴 때에는 형식을 갖추려 하지 말고 소박하게 평소에 가족이 좋아하는 음식으로 차린다.

〈시작 예식〉

3. 제례 준비가 끝나면 가장은 다음과 같이 제례의 시작을 알리며 예식을 진행한다.

(기일에는)

지금부터 (　　)의 기일을 맞이하여
제사를 거행하겠습니다.

(설이나 한가위 명절에는)

지금부터 명절을 맞이하여
설날(또는 한가위) 차례를 거행하겠습니다.

4. **성호경**

✢ 성부와 성자와 성령의 이름으로
◎ 아멘.

5. **시작 성가** : 가톨릭 성가 중에서 자유롭게 선택한다.
성가 50번, 54번, 227번, 436번, 462번.

6. **시작 기도**

가장은 오늘 거행하는 제례의 취지를 설명한 후 가족들의 마음을 모으는 기도를 바친다.

(기일에는)

✢ 사랑하는 가족 여러분,
우리는 오늘 (　　)의 기일을 맞이하여
온 가족이 한자리에 모여 (　　)를 기억하며 제사를 올리고 있습니다.
예수님께서는 "나는 부활이요 생명이다. 나를 믿는 사람은 죽더라도 살고, 또 살아서 나를 믿는 사람은 영원히 죽지 않을 것이다." (요한11, 25-26)라고 말씀하셨습니다.
생명과 부활의 주인이신 주님께 (　　)와 우리 자신을 봉헌하면서 정성된 마음으로 이 예절에 참여합시다.

(설이나 한가위 명절에는)

✢ 사랑하는 가족 여러분,
우리는 오늘 설 (한가위) 명절을 맞이하여 온 가족이 한자리에 모여 조상님들을 기억하며 차례를 올리고 있습니다.
예수님께서는 "나는 부활이요 생명이다. 나를 믿는 사람은 죽더라도 살고, 또 살아서 나를 믿는 사람은 영원히 죽지 않을 것이다." (요한11, 25-26)라고 말씀하셨습니다.
생명과 부활의 주인이신 주님께 조상님들과 우리 자신을 봉헌하면서 정성된 마음으로 이 예절에 참여합시다.

잠시 침묵 후에

✢ 주님,
이 세상에서 불러 가신 주님의 종 (　　)를 받아들이시어 영원한 행복을 누리게 하시며 성인들과 함께 주님을 찬미하게 하소서.
또한 저희도 주님의 뜻 안에서 서로 화목하며 사랑할 수 있게 해 주소서.
우리 주 그리스도를 통하여 비나이다.
◎ 아멘.

〈말씀 예절〉

7. **성경 봉독** : 아래 성경 말씀 외에 다른 것을 자유롭게 선택.
요한15, 1-12 (나는 참포도나무다)
형제 여러분, 요한이 전한 거룩한 복음의 말

씀을 들읍시다.

"나는 참포도나무요 (중략) 서로 사랑하여라."

○ 주님의 말씀입니다.

◎ 그리스도님, 찬미합니다.

그 외: 마태5, 1-12, 요한14, 1-14, 로마 12, 1-21, 1코린 13, 1-13, 에페5, 6-20.

8. **가장의 말씀**

가장은 조상(고인)을 회고하면서 가훈, 가풍, 유훈 등을 가족들에게 설명해 준다. 또한 성경 말씀을 바탕으로 가족들이 신앙 안에서 성실하게 살아가도록 권고한다.

〈추모 예절〉

9. **분향과 배례**

가장이 대표로 향을 피우고 참석한 모든 사람이 다함께 큰절을 두 번 한다.

10. **위령기도**(가톨릭 기도서 74-79쪽)

긴 위령기도를 바치거나 노래로 부를 때에는 상장 예식(또는 위령기도)을 참조한다.

✢ 지극히 어지신 하느님 아버지,
저희는 그리스도를 믿으며 살다가
이 세상을 떠난 모든 이가 그리스도와 함께
부활하리라 믿으며 (　　)를
아버지 손에 맡겨드리나이다.

○ (　　)가 세상에 살아 있을 때에
무수한 은혜를 베푸시어 아버지의 사랑과
모든 성인의 통공을 드러내 보이셨으니
감사하나이다.

● 하느님 아버지, 저희 기도를
자애로이 들으시어 (　　)에게
천국 낙원의 문을 열어 주시고
남아 있는 저희는 그리스도 안에서
다시 만날 때까지 믿음의 말씀으로
서로 위로하며 살게 하소서.
우리 주 그리스도를 통하여 비나이다.

◎ 아멘.

◎ 시편 129(130)와 시편 50을 바친다.
(개정판 가톨릭 기도서 39쪽~41쪽)

✢ 주님, 세상을 떠난 모든 이에게
영원한 안식을 주소서.

◎ 영원한 빛을 그들에게 비추소서.

✢ 주님, 저희의 기도를 들어주소서.

◎ 또한 저희의 부르짖음이 주님께
이르게 하소서.

(기일에는)

✢ 기도합시다.
너그러우신 주 하느님,
(　　)의 기일을 맞이하여 비오니
그에게 영원한 안식과 평화를 주시고
세상에 사는 저희는 주님의 말씀을 따라
살게 하소서.
우리 주 그리스도를 통하여 비나이다.

◎ 아멘.

(설이나 한가위 명절에는)

✢ 기도합시다.
주님, 세상을 떠난 조상님들을 생각하며
비오니 주님의 성인들과
뽑힌 이들 반열에 들어
주님의 영원한 기쁨을 누리게 하소서.
우리 주 그리스도를 통하여 비나이다.

◎ 아멘.

◎ 모두 무릎을 꿇고 '주님의 기도', '성모송'을 각각 한 번씩 하고 다음 기도로 위령기도를 마친다.

✢ 주님, (　　)에게 영원한 안식을 주소서.

◎ 영원한 빛을 그에게 비추소서.

✢ (　　)와 세상을 떠난 모든 이가
하느님의 자비로 평화의 안식을
얻게 하소서.

◎ 아멘.

〈마침 예식〉

11. **마침 성가**: 가톨릭 성가 중에서 자유롭게 선택한다.

성가 50번, 54번, 227번, 436번, 462번.

12. **음식 나눔**

온 가족이 한자리에 앉아 음식을 나누며 사랑과 친교의 대화 시간이 되도록 한다.

전례

전례란 라틴어로 리투르지아(Riturgia: 백성에 대한 봉사)라고 하며, 교회가 성경이나 성전에 의거하여 정식으로 공인한 예식이다. 이는 공적 의무, 공적인 일 등을 가리키며, 교회의 머리이신 구세주께서 천상의 아버지께 드리거나, 교회 공동체가 그리스도께 또한 그리스도를 통하여 영원한 아버지께 드리는 공적 예배이다.

이는 개인의 생활과는 구별되며 미사성제, 성사, 준성사, 성무일도, 행렬, 강복 등을 말한다. 그중에 중심적인 위치를 차지하는 것은 역시 미사 전례이다. 이는 십자가의 희생이 영원히 재현되고, 성체성사를 통하여 인간이 초자연적 생명에 참여하게 되기 때문이다. 전례는 모든 신자들이 그리스도의 신비 안에 참여케 한다. 그리고 신비체의 머리이신 그리스도께서는 지체인 신자들 안에서 당신의 거룩하고 충만한 은총 안에서 살도록 이끌어 주신다.

전례 주기

교회는 1년을 주기로 하여 구세사를 새롭게 기념하며 하느님께 영광과 감사를 드리고, 교회 구성원 각자가 구원의 은총을 입어 성화(聖化)의 길로 나아갈 수 있도록 배려한다. 전례 주기는 구세사의 순서에 따라 약속된 구세주의 오심을 기다리는 시기부터 시작하여 그리스도의 탄생에서 부활까지의 일생을 묵상하며, 그리스도께서 성령을 통하여 우리를 한 몸으로 만드시고 교회 안에 친히 살아 계시면서 활동하심을 드러내도록 구성되어 있다.

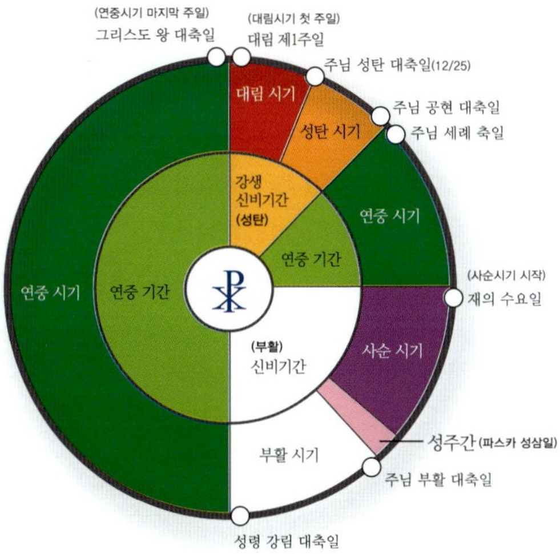

대림 시기(待臨時期)

자주색 제의- 대림절이란 예수 그리스도 성탄 전 4주간을 말하며, 이 시기는 구세주 예수 그리스도께서 이 세상에 오심을 기다리는 시기로 2가지 뜻이 있다. 첫째, 예수 그리스도께서 사람이 되어 오신 성탄 축제를 기념하고 둘째, 이 세상 끝나는 날(世末)에 재림하실 그리스도를 기다리는 희망의 시기이다.

성탄 시기(聖誕時期)

백색 제의- 성탄절이란 하느님께서 당신의 사랑으로 인류의 구세주이신 예수 그리스도를 세상에 보내시어 인간을 구원하시기 위해 사람으로 태어나신 것을 기념하는 시기이다.

사순 시기(四旬時期)

자주색 제의- 예수님의 부활을 준비하기 위한 40일간을 말하며 재의 수요일부터 성목요일 만찬미사 전까지이다. 이 시기 동안 교회는 예수 그리스도의 수난과 죽음을 묵상하고 각자가 지은 죄를 통회하며 보속하는 내적인 회개와 신앙 쇄신을 꾀하도록 권하고 있다.

부활 시기(復活時期)

백색 제의-부활절은 교회 전례의 절정이며 극치로서 예수께서 수난과 죽음, 부활로써 완성하신 구원사업을 기념하는 축제 기간으로 예수부활대축일부터 성령강림 대축일까지의 50일 동안이다.

연중 시기(年中時期)

녹색 제의- 위의 4시기를 제외한 나머지 기간을 말하며 주의 공현 대축일 이후부터 재의 수요일 전까지와 성령강림 대축일 이후부터 대림절 전까지의 34주간이다. 이 시기 동안 예수 그리스도의 말씀과 행적 등 구원의 신비를 다양하게 경축하고 그리스도 왕 대축일로 끝맺는다.

성월 (聖月)

교회는 1년을 주기로 예수 그리스도와 성모 마리아, 또는 성인들의 축일을 기념하도록 각 성월을 정하고, 이에 특별히 성월 기도를 바칠 것과 그 달에 알맞은 신심행사를 갖도록 권고하고 있다.

3월(성요셉성월) : 성모 마리아의 배필이며 예수님의 양아버지인 성요셉을 특별히 공경하는 달이다.

5월(성모성월) : 성모 마리아를 특별히 공경하는 달. 이 달에는 5월 초나 마지막 주간에 '성모의 밤' 같은 행사를 한다.

6월(예수성심성월) : 예수 성심을 특별히 공경하는 달이다.

9월(순교자성월) : 신앙을 증거하기 위하여 기꺼이 순교하신 분들을 기억하고 순교자 정신과 삶을 본받기로 다짐하는 달이다.

10월(묵주기도성월) : 전에는 로사리오성월이라고 하였나. 성모님의 권고내로 특별히 묵주기도를 바치며 거룩하게 지내는 달이다.

11월(위령성월) : 세상을 떠난 부모, 친지, 특히 연옥 영혼을 위하여 기억하고 기도하는 달이다.

주님 성탄 대축일

하느님이 인간에 대한 사랑과 인류 구원을 위해, 당신의 외아들 성자 예수 그리스도를 사람으로 태어나게 한 사건을 12월 25일 크리스마스로 기념한다. 구원의 역사 속에 있는 우리는 종말에 다시 오실 주님을 기다리는 대림 시기를 지나, 동시에 지금 주님께서 사람이 되시어 우리와 함께 계심을 기억하면서 해마다 주님 성탄 대축일을 거행하고, 이어지는 팔일 축제 기간 동안 예수, 마리아, 요셉의 성가정 축일과 천주의 성모 마리아 대축일(1월 1일), 주님 공현 대축일, 주님 세례 축일을 지내며 구원의 신비를 기뻐하고 감사한다.

성주간·파스카 성삼일

성주간은 주님 수난 성지 주일부터 성토요일까지의 한 주간으로 예수님의 수난과 죽음을 묵상하고 주님 부활을 향해 나아가는 천주교에서 가장 의미 깊은 주간이다.

주님 수난 성지 주일

부활절 바로 전 주일로서 예수님께서 수난 전에 예루살렘에 입성하신 것을 기념하는 날이다. 이날 전례는 예수님의 예루살렘 입성을 기념하여 성지 축성과 분배, 주님의 예루살렘 입성 기념식 복음 낭독 후 십자가를 앞세우고 사제와 신자들은 축성된 가지를 들고 '호산나'를 외치며 행렬을 한다. 그리고 수난 복음을 통해 주님의 수난과 죽음의 길을 함께 묵상한다.

이날 축성된 가지 즉 성지가지는 1년 동안 잘 보관하였다가 다음 해에 태워서 재의 수요일 예절에 사용한다. 기쁨과 슬픔, 영광과 모욕이 엇갈린 이 날의 전례는 '부활이란 고통과 직결되어 있다.' 는 그리스도교 본래의 진리를 확인시켜 준다.

성목요일 - 성유 축성 미사

주교와 사제들이 공동 집전으로 주교좌 성당에서 성유 축성 미사를 거행한다. 이때 축성된 성유는 세례, 견진, 병자, 성품 성사 때 사용되며, '사제들이 서약 갱신'을 통해 사랑과 봉사를 다짐하며 교구장 주교와의 일치를 증거한다.

주님 만찬 성목요일 저녁미사

예수님께서 수난 전에 제자들과 나누신 마지막 저녁 식사로서 성체성사의 제정을 기념하는 미사이다.

예수님께서 제자들에게 애덕과 겸손을 가르치기 위해 제자들의 발을 씻어 주신 것을 기념하여 '발씻김 예식'을 거행하기도 한다.
영성체 후에는 성체를 감실에 모시며 본제대를 벗긴다. 이 때 성체를 모신 감실은 무덤이 아니며 다만 예수님의 크신 사랑과 모범을 예수님 곁에서 깊이 묵상하기 위한 것이다. 그래서 신자들은 성금요일 전례 전까지 성체조배를 한다.

성금요일 - 주님 수난 예식

예수님께서 십자가 위에서 돌아가신 신비를 더욱 깊이 새기기 위하여 주님 수난 예식을 거행한다. 이 날은 일년 중 유일하게 미사가 없는 날이다. 말씀 전례로 시작하여 독서와 주님 수난 복음을 통해 고통 당하신 예수님을 묵상하며 '십자가 경배' 예식을 한다.

십자가 경배

4세기 말부터 예루살렘에서 행해지던 예식으로 사제는 자주색 보로 가린 십자가를 높이 들고 "보라 십자 나무, 여기 세상 구원이 달렸네." 하고 외친다. 신자들은 "모두 와서 경배하세."하고 응답하며 구원과 생명이신 예수님의 표징으로 세워진 십자가 앞을 지나가며 경배한다.

주님 부활 대축일

파스카 성야

파스카는 유다 민족의 중요 축제로, 이집트의 노예 생활에서 해방된 것을 기억하며 하느님께 감사드리는 축제이다.

'건너가다', '지나가다'란 뜻의 파스카는 유다인들이 제사로 바친 양의 피를 문설주에 바름으로 죽지 않고 구원의 길을 걷게 되었음을 통해 하느님을 체험한 것이다. 이처럼 그리스도인들은 예수님의 수난과 죽음을 통해 어둠에서 빛으로, 죄의 억압에서 자유와 해방으로, 죽음에서 생명으로 건너가게 되는 사건이 파스카 - 주님 부활 사건인 것이다.
이 날 전례는 밤에 거행된다. 세상의 빛이신 그리스도를 상징하는 부활초와 성세수를 축성하고 '세례 갱신식'을 하면서 신앙을 새롭게 하고 그리스도와 함께 이웃에게 전할 복음적 사명을 다짐한다.

미사

그리스도의 말씀(루카 23, 19)을 따라 그리스도의 몸과 피를 나누어 주셨던 최후의 만찬을 재현하는 것이며, 십자가상의 제사를 새롭게 하고, 그리스도를 제물로 하느님께 바치는 신약의 제사이다. 그러므로 미사는 교회가 하느님께 바치는 흠숭의 극치이며, 완전한 찬미와 감사와 제사, 속죄, 은혜를 구하는 제사로서 그리스도교 신자 생활의 중심이다. 미사는 말씀 전례와 성찬 전례의 두 부분으로 이루어진다.

제1부 말씀 전례

생명의 진리인 하느님의 말씀을 듣고 받아들이는 부분

〔시작 예식〕 **입당 및 인사**

사제가 제단에 나옴으로써 미사는 시작되며, 이때 신자들은 일어나서 성가를 부른다. 사제는 나와서 제단에 인사한 후 제대에 입 맞춘다.

참회

미사를 합당하게 봉헌하기 위해 우리의 잘못을 뉘우치고 용서를 청한다.

자비송

우리의 비참과 하느님께 대한 신뢰를 드러내며 첫째는 천주 성부께, 두 번째는 천주 성자이신 예수 그리스도께, 마지막은 성령께 자비를 구한다.

대영광송

기쁨에 넘쳐 삼위일체 하느님을 찬미하는 기도이다(대림 시기와 사순 시기에는 하지 않는다).

본기도 사제는 공동체를 대표하여 그날 미사의 핵심적인 내용을 기도한다.

〔말씀 전례〕

독서

주일에는 구약 성경과 복음서를 제외한 신약성경 중에서 각각 하나씩 봉독하고 평일에는 하나만 읽는다.

화답송

성경 봉독이 끝나면 주님의 말씀을 찬미하는 시편으로 응답(노래)한다.

복음 환호송

예수 그리스도의 말씀을 듣는 기쁨에 환호하는 소리로 알렐루야! 또는 다른 성경 구절이 따른다. 사순 시기에는 알렐루야 대신에 다른 환호를 한다.

복 음

말씀의 전례에서 최고 절정으로 사제나 부제만이 낭독할 수 있다. 예수 그리스도의 말씀과 행적을 기록한 네 개의 복음서 가운데 그 날 전례에 해당하는 말씀이 선포된다.

강 론 사제가 복음 말씀의 의미를 전해준다.

신앙 고백

복음 말씀에 대한 신앙의 응답으로서 주일과 대축일에만 한다.

보편 지향 기도

모든 이에게 관계되는 보편적 기도이거나 공동체를 위한 것이어야 한다.

제2부 성찬 전례

그리스도와 함께 십자가상의 희생 제사를 재현하여 감사의 제사를 올리는 부분이다.

빵의 봉헌

빵은 양식이므로 우리의 생명을 뜻한다. 그러므로 우리 자신도 합당한 제물로 받아 주시기를 청한다.

포도주의 봉헌

사제는 성작에 약간의 물을 섞음으로써 그리스도와 우리가 일치됨과 그리스도의 옆구리에서 흘러나온 피와 물을 기념한다. 이는 예수 그리스도 안에 천주성과 인성이 결합되어 있음을 나타낸다.

손을 씻음

자신의 죄를 씻어 주고 정화시켜 주시기를 기도한다.

예물 기도

사제는 하느님께서 제물을 받아 주시고 제사를 봉헌하는 사람들에게 은총을 베풀어 주실 것과 거룩한 변화에 대한 은혜를 간구한다.

〔감사 기도〕

감사송 그날에 해당하는 감사송을 통해 하느님께 찬미와 영광을 드리고, 예수님께 흠숭과 감사의 정을 표시하며, 우리가 감사해야 할 이유를 말한다.

거룩하시도다(환호) 천사들의 하느님에 대한 찬미가로서 예수님이 미사 중에 현존하심을 찬미한다.

거룩한 변화(성찬 제정과 축성문)

사제는 예수께서 최후 만찬 석상에서 하신 모습과 말씀대로 축성하여 그리스도를 현존케 하며 이때 밀떡과 포도주는 그리스도의 몸과 피로 변화된다. 미사 중 가장 핵심 부분이다.

신앙의 신비여!

이는 성체 안에 부활하신 예수가 참으로 현존하여 계심을 말한다.

기념과 봉헌, 성령 청원, 전구

그리스도의 구원 업적을 기념하고, 교회 내의 평화와 일치 그리고 교황과 주교를 위한 기도, 죽은 사람들과 살아 있는 사람들을 위한 기도를 한다.

마침 영광송

예수 그리스도의 인류 구원과 하느님께 찬미를 드리는 것이다.

〔영성체 예식〕

주님의 기도 : 영성체를 하기 위한 준비 기도이다.

평화 예식 : 모든 이가 함께 인사를 나누며 형제적인 사랑으로 축복을 나눈다.

하느님의 어린양 : 하느님께 자비와 평화를 비는 기도로 세 번한다.

영성체 : 우리가 성체를 받아 모시기에 부당함을 인정하고 감사하는 마음으로 주님의 몸을 받아 모신다.

영성체송 : 사제가 성체를 영할 때 신자들은 영성체송이나 성체 성가를 한다.

〔마침 예식〕

영성체 후 기도 : 그날의 미사와 받아 모신 성체의 은혜에 감사하고 구원되기를 청한다.

강복 및 파견: 신자들에게 하느님께서 강복하시기를 기원하며 복음을 세상에 선포하고 복음을 살 것을 다짐하며 파견된다.

교리 용어 소사전

감실(龕室): 미사에서 축성된 성체를 모셔 둔 곳이다. 제단의 정면 또는 측면에 있다. 성체를 모셔 두었다는 표시로 그 앞에 빨간 등을 켜두는데 이 등을 성체등이라고 한다. 신자들은 성체를 모셔둔 감실 앞을 지나갈 때면 허리를 굽혀 예를 갖춘다.

관면(寬免): 법률을 예외 없이 엄격하게 적용하다 보면 사회 전체에나 그 구성원 개인에게 큰 어려움이 생길 수 있다. 그래서 입법자는 다양한 사람들과 상황을 헤아려 알맞은 예외 규정을 마련하게 된다. 교회는 이러한 형평과 정의를 존중하여 입법자 본인이나 그의 후임자나 그의 장상 또는 그들의 위임자가 정당한 이유가 있다고 판단할 때 일시적으로 법 규정을 지킬 의무에서 해방시킬 수 있는 관면이라는 독특한 제도를 마련했다. 개별적인 때에 순전히 교회에서 만든 법률에 대한 일시적인 해제로 법률의 구속력을 정지시키고 그 의무를 해제시킨다. 일요일 노동 금지에 대한 관면과 금육 및 단식 죄에 관면 등이 있다.

공의회(公議會) : 교회를 사목할 책임을 맡은 주교들이 신앙과 도덕에 관한 교리 문제나 사목 문제를 협의하고 결정하는 공식 회의이다.

대사(大赦) : 대사란 보속을 면제해 주는 은사(恩賜)를 말한다. 고해성사를 통하여 죄는 용서받았어도 그 죄에 따른 벌, 즉 잠벌(暫罰: 남아 있는 벌)은 여전히 남아 있다. 이 잠벌은 속죄를 통해서 사면될 수 있는데 현세에서 보속을 다하지 못할 경우 연옥에서 하지 않으면 안 된다. 현세에서의 보속은 미사, 영성체, 기도, 극기, 희생 등으로 할 수 있으나, 죽은 후 연옥에서는 스스로 보속을 할 수 없기에 살아있는 다른 이의 대사 행위를 통하여 면제받을 수 있다.

대세(代洗) : 죽을 위험에 처한 사람들에게 주는 세례로서 천주교 4대 교리를 가르쳐 주고 믿음을 확인한 후 병자의 이마에 물을 부으며 "나는 성부와 성자와 성령의 이름으로 ○○○(세례명)에게 세례를 줍니다."라는 말로 세례를 준다. 그러나 병자가 의식이 없더라도 과거에 하느님을 믿을 뜻이 있었다는 것이 밝혀지면 세례를 준다. 대세는 사제가 아니라도 세례를 받은 사람이면 누구든지 줄 수 있다.

대부 대모(代父 代母) : 세례를 받고 입교하는 사람에게 장차 신앙생활의 길잡이가 되어 줄 사람을 선정하게 하여 마치 정신적 아버지나 어머니 같은 관계를 맺어 준다. 세례 받는 사람은 그에게 대자 대녀(代子 代女)가 된다.

레지오 마리애(Legio Mariae; 마리아 군단) : 평신도 사도직 활동 단체로 교회의 승인 하에 모든 은총의 중재자이신 마리아(사령관)의 강력한 지휘 아래 군대(레지오 Legio)를 조직하여 세상 죄악의 권세에 대항하고 교회에 봉사하는 신심 단체이다.

묵주기도(로사리오 기도) : 로사리오는 라틴어 장미꽃 다발(Rosarium)에서 유래되었다. 묵주기도는 가톨릭교회의 공식 전례 이외의 기도 중 가장 널리 보급되고, 많이 드리는 기도이다. 이 기도는 성모 마리아와 협력하여 하느님과 대화하는 가운데 살아가게 하며, 그리스도께서 가르치고 이루신 구원의 신비를 묵상하게 하여 우리 자신을 성화의 길로 들어갈 수 있게 한다. 성모께서는 우리에게 필요한 은혜를 하느님께 청해 주신다. 따라서 우리는 세계 평화와 조국의 안녕과 발전을 위하여, 자신의 영육 간의 풍요를 위하여, 끊임없이 이 묵주기도를 바친다.

성당(聖堂) : 주임신부가 상주하는 성당은 본당(本堂), 상주하지 않는 성당은 공소(公所)라고 한다.

성시간(聖時間) : 예수 성심(聖心)에 대한 신심의 하나로 한 시간 동안 특별히 겟세마니에서의 예수님의 고통을 묵상하며 지내는 것을 말한다. 예수님께서는 제자들에게 "너희는 나와 함께 한 시간도 깨어 있을 수 없더란 말이냐?" (마태26, 40)라고 하신 성경 말씀에 근거하고 있다고 할 수 있다.

성인(聖人)과 **복자**(福者): 생전에 덕성과 행적이 매우 뛰어나서 전 세계 교회의 모든 신자의 귀감으로 선언하고 떠받드는 인물들을 성인(또는 성녀)이라고 한다. 덕성과 행적이 뛰어났음을 교회가 인정했으나 아직 성인으로 선언하지 않은 인물로 지역교회(어떤 도시나 교구)에 한하여 공경되는 대상에게 복자라는 존칭을 드린다.

성체조배(聖體朝拜): 성체 안에 계시는 예수님을 찾아가 인사드린다는 뜻으로 성체 앞에서 특별한 존경을 바치는 신심행위이다. 교회는 성체 안에 살아계신 예수님을 찾아 열렬한 존경과 애정을 가지고 주님과 대화할 것을 권장한다.

수호성인(守護聖人): 세례 받는 사람이 천사, 성인, 성녀 가운데 자기가 각별히 흠모하는 분의 이름 (본명, 세례명)을 따서 그분을 자기 수호자로 모신다. 그밖에 성당이나 지역, 특별한 직업이나 일에도 수호성인을 모신다.

양심(良心): 양심은 인간의 가장 내밀한 안방이요, 하느님이 함께 계시는 지성소이며 그 분의 소리가 들려오는 내면의 법이다. 이 법의 소리는 언제나 선을 사랑하고 행하며 악을 피하라고 인간을 타이른다. 인간은 양심에 순종해야 하며 남에게 양심을 거슬러 행동해서는 안된다. 그리고 양심과 인정법(人定法)이 상충될 경우 양심이 우선해야 한다.

연옥(煉獄): 연옥은 일반적으로 세상에서 죄를 풀지 못하고 죽은 사람이 천국으로 들어가기 전에 정화되는 천국과 지옥의 사이에 있는 상태나 장소를 말한다. 대죄를 저지른 사람은 지옥으로 가지만, 대죄를 모르고 저지른 사람과 소죄를 지은 의인의 영혼은 그 죄를 정화해야만 천국에 가게 된다. '일시적인 정화'가 이루어지는 상태와 장소가 연옥이다.

죄(罪): 인간이 자신의 생각과 말과 행동으로 나쁜 줄 알면서도 자유의지로 하느님의 계명을 거스르고 하느님과 같아지려고 함으로써 하느님과의 관계가 끊어짐을 말한다.

원죄(原罪): 인류의 원조 아담과 하와가 악마(뱀)의 유혹에 빠져 하느님의 뜻을 거스름으로써 은총을 잃게 되고 하느님과 관계가 파괴되어 온 인류에게 미치는 죄이다.

대죄(大罪): 하느님과 인간을 거스른 행위로써 하느님의 계명을 저버린 죄로 하느님의 은총과 사랑을 잃고 하느님 자녀로서의 자격과 성사에 가담할 자격까지도 잃는다. 이 죄는 중요한 일이나 행위가 있고, 그 중대성을 완전히 인식하고 자유의지로 행했을 때 성립된다.

소죄(小罪): 인간의 나약성과 결함으로 일상의 사소한 죄로 하느님의 은총을 잃지는 않으나 성덕에 장애가 된다.

축복(祝福): 영신적 이익을 위해 성직자가 십자가, 상본, 묵주 또는 집이나 자동차 그리고 일정한 장소에 대하여 하느님의 특별한 축복을 기원하는 것을 의미한다. 축복의 효력을 얻기 위해서는 청하는 자의 정성이 크고 작음에 따라 은혜도 달라진다. 따라서 믿고 사랑하는 마음가짐이 요구된다.

판공성사(判功聖事): "자신의 공로와 과오를 판명받는다."는 뜻으로 모든 신자가 부활 대축일과 성탄대축일을 앞두고 의무적으로 받는 고해성사.

피정(避靜): 일상생활에서 모든 업무를 피하여, 한적한 성당이나 수도원 같은 곳에 가서 조용히 자신의 영적 쇄신을 위하여 자신을 살피면서 기도하며 지내는 것을 말한다.

통공(通功): 그리스도인들은 세상을 떠난 부모, 친지 특히 연옥에 계시는 이들을 기억하고 그들이 영원한 안식을 누릴 수 있도록 기도와 희생을 바친다. 이런 기도와 선행의 대가로 천국이나 연옥에 있는 이들과 통하여 그들도 우리를 위하여 하느님께 간구한다는 것이다. 우리는 매 주일 사도신경을 바치며 "모든 성인의 통공을 믿으며"라고 고백한다.

회개(悔改: Metanoia): 회개란 '길을 바꾸다', '돌아오다'라는 히브리어로, 지금까지의 생활양식을 바꾸어 새로운 생활로 나아감을 말한다. 신앙에서의 회개는 죄스런 생활에서 벗어나 자신의 모든 생명을 하느님께 내맡기고 하느님에게 돌아가는 근본적인 결단이요 엄숙한 선택 행위이며 응답이다.

| 묵주 기도 |

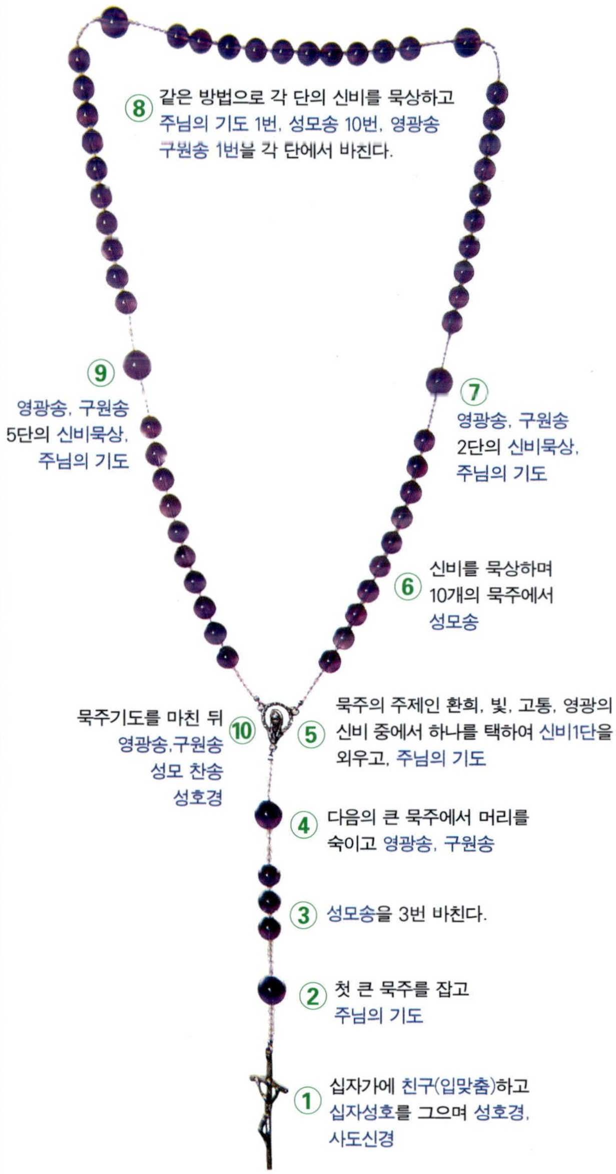

환희의 신비(월 · 토)

1단 마리아께서 예수님을 잉태하심을 묵상합시다.
2단 마리아께서 엘리사벳을 찾아보심을 묵상합시다.
3단 마리아께서 예수님을 낳으심을 묵상합시다.
4단 마리아께서 예수님을 성전에 바치심을 묵상합시다.
5단 마리아께서 잃으셨던 예수님을 성전에서 찾으심을 묵상합시다.

빛의 신비(목)

1단 예수님께서 세례를 받으심을 묵상합시다.
2단 예수님께서 가나에서 첫 기적을 행하심을 묵상합시다.
3단 예수님께서 하느님 나라를 선포하심을 묵상합시다.
4단 예수님께서 거룩하게 변모하심을 묵상합시다.
5단 예수님께서 성체성사를 세우심을 묵상합시다.

고통의 신비(화 · 금)

1단 예수님께서 우리를 위하여 피땀 흘리심을 묵상합시다.
2단 예수님께서 우리를 위하여 매맞으심을 묵상합시다.
3단 예수님께서 우리를 위하여 가시관 쓰심을 묵상합시다.
4단 예수님께서 우리를 위하여 십자가 지심을 묵상합시다.
5단 예수님께서 우리를 위하여 십자가에 못박혀 돌아가심을 묵상합시다.

영광의 신비(수 · 일)

1단 예수님께서 부활하심을 묵상합시다.
2단 예수님께서 승천하심을 묵상합시다
3단 예수님께서 성령을 보내심을 묵상합시다.
4단 예수님께서 마리아를 하늘에 불러 올리심을 묵상합시다.
5단 예수님께서 마리아께 천상 모후의 관을 씌우심을 묵상합시다.

✣ 구원을 비는 기도(구원송)

예수님, 저희 죄를 용서하시며 저희를 지옥 불에서 구하시고 연옥 영혼을 돌보시며 가장 버림받은 영혼을 돌보소서.

| 성모 찬송 |

○ 모후이시며 사랑이 넘친 어머니,
우리의 생명, 기쁨, 희망이시여,
● 당신 우러러 하와의 그 자손들이 눈물을 흘리며
부르짖나이다. 슬픔의 골짜기에서,
○ 우리들의 보호자 성모님,
불쌍한 저희를 인자로운 눈으로 굽어보소서.
● 귀양살이 끝날 때에 당신의 아들 우리 주 예수님
뵙게 하소서. 너그러우시고, 자애로우시며,
오! 아름다우신 동정 마리아님.
○ 천주의 성모님, 저희를 위하여 빌어주시어
● 그리스도께서 약속하신 영원한 생명을 얻게 하소서.
✚ 기도합시다.
하느님, 외아드님께서 삶과 죽음과 부활로
저희에게 영원한 구원을 마련해 주셨나이다.
복되신 동정 마리아와 함께 이 신비를 묵상하며
묵주기도를 바치오니
저희가 그 가르침을 따라 영원한 생명을 얻게 하소서.
우리 주 그리스도를 통하여 비나이다. ◎ 아멘.

성호경

(십자성호를 그으며)

성부와 성자와 성령의 이름으로. 아멘.

주님의 기도

하늘에 계신 우리 아버지,
아버지의 이름이 거룩히 빛나시며
아버지의 나라가 오시며
아버지의 뜻이 하늘에서와 같이
땅에서도 이루어지소서!
오늘 저희에게 일용할 양식을 주시고
저희에게 잘못한 이를 저희가 용서하오니
저희 죄를 용서하시고
저희를 유혹에 빠지지 않게 하시고
악에서 구하소서. 아멘.

성모송

은총이 가득하신 마리아님, 기뻐하소서!
주님께서 함께 계시니 여인 중에 복되시며
태중의 아들 예수님 또한 복되시나이다.
천주의 성모 마리아님,
이제와 저희 죽을 때에
저희 죄인을 위하여 빌어주소서. 아멘.

영광송

(밑줄 부분에서 고개를 숙이며)

영광이 성부와 성자와 성령께
처음과 같이
이제와 항상 영원히. 아멘.

사도신경

전능하신 천주 성부
천지의 창조주를 저는 믿나이다.
그 외아들 우리 주 예수 그리스도님
(밑줄 부분에서 고개를 깊이 숙인다.)
성령으로 인하여 동정 마리아께 잉태되어 나시고
본시오 빌라도 통치 아래서 고난을 받으시고
십자가에 못박혀 돌아가시고 묻히셨으며
저승에 가시어 사흗날에 죽은 이들 가운데서 부활하시고
하늘에 올라 전능하신 천주 성부 오른편에 앉으시며
그리로부터 산 이와 죽은 이를 심판하러 오시리라 믿나이다.
성령을 믿으며
거룩하고 보편된 교회와 모든 성인의 통공을 믿으며
죄의 용서와 육신의 부활을 믿으며
영원한 삶을 믿나이다. 아멘.

가정을 위한 기도

마리아와 요셉에게 순종하시며
가정생활을 거룩하게 하신 예수님
저희 가정을 거룩하게 하시고
저희가 성가정을 본받아
주님의 뜻을 따라 살게 하소서.
가정생활의 자랑이며 모범이신
성모 마리아와 성 요셉.
저희 집안을 위하여 빌어주시어
모든 가족이 건강하고 행복하게 하시며
언제나 주님을 섬기고 이웃을 사랑하며 살다가
주님의 은총으로 영원한 천상 가정에 들게 하소서.
아멘.

| 미사 드리는 자세 |

1. 복 장 : 주님을 만나러 오는 것입니다. 단정한 옷차림이 요구 됩니다.
2. 자 세 : 미사 시간에는 조용하고 정중한 자세를 하며, 특히 하느님의 말씀을 듣는 독서, 복음, 강론 때 수첩이나 안내 책자를 보는 행동을 삼가고 경청합니다.
3. 봉 헌 : 자신을 하느님께 봉헌하는 시간입니다. 헌금은 미리 정성으로 준비합니다.
4. 영성체 : 주님을 모시는 시간입니다. 미사 시작 1시간 전에 음식을 먹지 않는 공복재를 지킵니다.
   ***천주교에서 세례를 받고, 성체를 모실 준비된 사람만 성체를 모실 수 있습니다.**
5. 주님이 주시는 달란트를 잘 활용하여 자신의 능력에 맞는 봉사직에 참여 합시다.
   - 미사가 끝난 뒤, 자기 자리에 놓여진 책자 (성가집, 기도서, 주보)를 정리해 놓읍시다.
   - 휴대전화는 미사 시작 전에 반드시 끄시거나 진동으로 바꾸어 두기 바랍니다.

03230
9 788992 360142
제작 : blog.naver.com : 가톨릭기본교리상식
도서출판 비지아이 ☎ 02)2285-2710